UNIVERSITÉ DE FRANCE

AGRÉGATION DES FACULTÉS DE DROIT

CONCOURS DE 1893

COMPOSITION

DE

DROIT INTERNATIONAL PUBLIC

Faite en 7 heures, le 21 Mars 1893

PAR

Et. DELBOY

DOCTEUR EN DROIT

LAURÉAT DE LA FACULTÉ DE DROIT DE PARIS

Deuxième prix de Droit romain (Concours de 1886). — Premier prix
de Droit administratif (Concours de 1887)

PARIS

LIBRAIRIE NOUVELLE DE DROIT ET DE JURISPRUDENCE

ARTHUR ROUSSEAU

ÉDITEUR

14, rue Soufflot et rue Toullier, 13

1893

DE L'INTERVENTION D'UN OU DE PLUSIEURS ÉTATS

DANS LES AFFAIRES INTÉRIEURES D'UN AUTRE ÉTAT

Le principe fondamental qui domine le droit international tout en-
tier est le principe de la souveraineté des États. Sauf les restrictions
découlant des situations dans lesquelles peuvent se trouver les États
par suite de la mi-souveraineté, de l'union réelle ou personnelle, de
la Confédération ou de la Fédération d'États, les États sont souverains
en ce sens qu'ils ne relèvent d'aucun supérieur humain, et qu'ils sont
libres de se diriger comme ils l'entendent, soit au point de vue de
leurs relations extérieures avec les autres États, soit au point de vue
de la conduite de leurs affaires intérieures.

Chaque État est libre de se gouverner comme il l'entend, d'adopter la législation qui lui convient, de faire en un mot ce qu'il veut
sur son territoire sans que les États étrangers aient le droit de le contraindre directement à modifier sa conduite. Telle est la conséquence
inéluctable de la souveraineté intérieure des États. Mais ce principe
essentiel est-il absolu? ou bien, au contraire, l'ingérence d'un État
dans les affaires d' un autre État n'est-elle pas dans certains cas légitime? Cette ingérence est précisément ce que dans la langue du droit
international on appelle l'*intervention*.

L'intervention peut se présenter sous des aspects bien différents :

ou elle se produira dans les affaires extérieures d'un État pour l'amener à modifier sa politique extérieure, ou, au contraire, elle se produira dans ses affaires intérieures, afin de le contraindre à modifier la règle de conduite qu'il s'est tracée dans la direction de ses affaires intérieures. Dans les développements qui vont suivre nous n'avons point à nous occuper de l'intervention dans les affaires extérieures des États. Qu'il nous suffise de dire que ses applications n'ont pas été ni moins nombreuses ni moins importantes que celles qu'a reçues l'intervention dans les affaires intérieures. Notamment la lutte célèbre de la maison de France contre la maison d'Autriche fournit pendant près de deux siècles l'exemple d'une suite ininterrompue d'interventions. D'une façon plus générale on peut dire que la théorie de l'équilibre a donné lieu dans l'histoire à une suite ininterrompue d'interventions. Et, de tous les interventions celles-là ont été certainement les plus légitimes qui ont eu lieu pour assurer la conservation des États, leur autonomie contre les tendances ambitieuses et envahissantes d'un peuple ou d'une dynastie. Quoiqu'il en soit nous n'avons à nous occuper que de l'intervention dans les affaires intérieures d'un autre État.

I

Lorsqu'on étudie l'histoire des différents peuples jusqu'à la Révolution, le principe qui paraît admis sans conteste est le principe de l'intervention. Rome a pratiqué d'une façon permanente l'intervention, et l'on peut dire que son histoire n'est que l'histoire d'une longue suite d'interventions dans les affaires soit extérieures, soit intérieures des peuples. L'intervention a été pour les Romains un excellent moyen de conquête, et ils l'ont en conséquence pratiqué d'une façon constante.

Pendant toute la durée du moyen-âge la notion de la souveraineté n'est pas encore assez développée pour qu'une théorie quelconque sur l'intervention ou la non intervention puisse se former. L'intervention se produit ou ne se produit pas dans les affaires d'un peuple suivant qu'il est assez fort ou non pour se faire respecter. Pas de principe : tout est laissé aux hasards du moment et de la politique. Comme à Rome l'intervention est un excellent moyen pour un État fort de s'immiscer sous un prétexte quelconque dans les affaires intérieures d'un autre État trop faible, et par là de l'asservir d'une façon plus ou moins complète.

Il semble que lorsqu'à partir du commencement du XVII⁰ siècle la notion de l'État se fut dégagée, et lorsque d'autre part on fut arrivé à l'idée d'une communauté de droit entre les divers peuples de l'Europe, le principe de l'intervention qui jusqu'alors avait passé pour une règle incontestée de la politique, aurait dû appeler l'attention des publicistes et aussi leurs critiques. Il n'en fut rien. Jusqu'à la Révolution française ce principe fut admis sans conteste par les publicistes qui en réalité n'y prêtent qu'une très minime attention, tant il était passé dans les mœurs. Quant aux politiques, l'intervention était pour eux une maxime fondamentale de Gouvernement.

Avec les mœurs politiques de l'Europe dont M. Sorel a si bien retracé le tableau (*Histoire de la Révolution française*), l'intervention était une chose toute naturelle, car à bien des égards l'admission sans conteste du principe de l'intervention suppose l'absence de principes, et précisément les diplomates de cette époque n'en avaient point. Ils se déterminaient d'après les nécessités du moment, et pratiquaient l'intervention lorsqu'elle leur paraissait utile et lorsque d'autre ils étaient assez forts pour la pratiquer.

Ainsi jusqu'à la Révolution le principe de l'intervention est admis sans conteste. C'est une règle de Gouvernement d'intervenir quand on peut et quand on le croit utile. En agissant ainsi on agit comme doit agir tout bon politique, et il ne vient à l'idée de personne, de critiquer d'une façon bien sérieuse l'ingérence d'un État dans les affaires intérieures d'un autre État.

Cependant le développement progressif du droit international devait amener une réaction. On ne pouvait admettre, sans méconnaître la souveraineté dont la notion devenait de plus en plus nette, qu'un État, ou même plusieurs réunis, puissent à leur gré s'ingérer dans les affaires intérieures d'un autre État, en principe ce devait être désormais non plus l'intervention, mais bien la non intervention. Si les nécessités de la politique, l'ambition des États devaient s'opposer longtemps à la consécration bien franche dans la pratique de la non intervention, du moins la doctrine devait-elle reconnaître et proclamer qu'il n'y a pas, comme on l'a dit, un droit d'intervention, mais bien, au contraire, une obligation de non intervention.

Sur ce point l'accord est à peu près fait entre les jurisconsultes qui s'occupent de droit international. Il ne doit plus y avoir d'intervention : tel est le principe. Il n'y a plus dissentiment que sur ce point d'une importance cependant bien grande encore : n'y aurait-il pas lieu d'admettre dans certaines circonstances des exceptions au principe de non intervention. C'est là-dessus que s'élève précisément aujourd'hui le débat dans la doctrine, et pas n'est besoin d'en signaler l'importance car suivant qu'on admet ou qu'on repousse des exceptions, on peut en définitive arriver à ruiner le principe de non intervention.

Du reste ce n'est pas seulement dans le domaine de la théorie que le principe de non intervention est admis. Certains gouvernements s'en sont montrés partisans dans des circonstances qu'il importe de rappeler.

Une des manifestations les plus célèbres du principe de non intervention dans le domaine politique se trouve dans le message du Président des États-Unis Monroë, en date du 2 décembre 1823. Les puissances de la pentarchie (1), fidèles aux principes de la Sainte-Alliance méditaient de faire rentrer sous la domination de l'Espagne ses colonies révoltées de l'Amérique du sud. C'était là une intervention, mais une intervention en faveur de l'Espagne. C'est alors que le Président Monroë dans son message célèbre déclara que le principe des États-Unis était la non intervention, et que ceux-ci résolus dans l'espèce à en faire l'application, n'admettraient point l'ingérence des puissances Européennes dans les affaires de l'Amérique.

Les partisans de la non intervention ont attaché une très grande importance à cette doctrine du Président Monroë. Peut-être y a-t-il une erreur, car le message de Monroë n'a point proclamé d'une façon désintéressée le principe : s'il l'a proclamé c'est uniquement parce qu'il était de l'intérêt des États-Unis de le proclamer. Ce qui en infirme singulièrement l'autorité, c'est que le même message annonçait que les États-Unis ne permettraient pas même à l'Espagne de rétablir son autorité sur ses colonies révoltées. Mais en agissant ainsi ils violaient le principe même qu'ils proclamaient, car ils intervenaient dans les affaires intérieures de l'Espagne. Plus tard, toujours dans le même but intéressé, les États-Unis, lors de l'expédition française au Mexique, devaient encore proclamer le principe de non intervention. (Déclaration du secrétaire d'État Seward.)

(1) Moins l'Angleterre.

Lorsque l'intervention française eût été décidée en Espagne pour rétablir le gouvernement absolu de Ferdinand VII, l'Angleterre par l'intermédiaire de son ministre des affaires étrangères, lord Castelereagh, protesta contre cette intervention, et fit à cette occasion une déclaration de non intervention qui pouvait bien ne pas paraître complètement désintéressée.

Quoiqu'il en soit, dans cet antagonisme entre ces deux principes on peut dire que le XIXᵉ siècle marque une date importante. Tout d'abord la doctrine se prononce nettement pour la non-intervention. Quant aux États, sans doute ils ne se font pas faute de pratiquer encore l'intervention, comme nous le verrons plus amplement par la suite, mais du moins ils reconnaissent dans certaines circonstances qu'il peut y avoir obligation de non-intervention.

II

Au point où nous sommes arrivés nous pouvons nous demander quel est de ces deux principes antagonistes, intervention et non-intervention, celui qui apparaît comme étant rationnellement et juridiquement le meilleur. Dans ces termes la question ne saurait être douteuse.

La non-intervention doit être la règle. Elle seule est conforme aux principes du droit international moderne qui consacre aujourd'hui de la façon la plus absolue l'indépendance respective des États. L'intervention compromet très gravement cette indépendance, car donner à un État le droit d'intervenir dans les affaires intérieures d'un autre État c'est annihiler la souveraineté de celui-ci, et faire abstraction de sa personnalité internationale. En définitive si le principe d'inter-

vention a régné si longtemps sans conteste c'est que le droit international n'était pas encore formé : on n'était pas encore nettement
arrivé à la notion des droits et devoirs qui incombent à chaque État
digne de ce nom.

En outre l'intervention est condamnée au point de vue des faits par
cette considération qu'elle ne se produit jamais qu'à l'égard des États
trop faibles pour se défendre. Par là elle permet de réaliser des ini-
quités, et présente pour tous les États ce danger, que l'État intervenant peut, en définitive, acquérir sur l'État qui subit l'intervention
une autorité de nature à favoriser une incorporation ultérieure.

Donc l'intervention, condamnée par les principes généraux du droit
international, est en outre fort dangereuse même dans la politique.
Elle doit être écartée. Sur l'admission même du principe pas de difficulté.

La difficulté apparaît sur la question suivante : s'il est certain que
le principe est qu'il ne doit pas y avoir d'intervention, du moins ce
principe est-il absolu, ou, au contraire, dans certaines circonstances
n'y a-t-il pas lieu d'admettre des dérogations au principe, des cas exceptionnels dans lesquels l'intervention devra être considérée comme
légitime ?

Dans ces termes la question est délicate. Les partisans à outrance
de la doctrine de non-intervention écartent absolument toutes les
exceptions au principe. C'est la doctrine unanimement adoptée par
les jurisconsultes italiens et notamment par Carnazza Amari. Dans
leur haine pour l'intervention, dont leur pays a tant souffert, ces jurisconsultes se refusent à admettre toute exception qui leur paraîtrait
de nature à ruiner le principe même, et à faciliter d'une manière
détournée le retour au principe contraire.

En thèse on peut trouver cette doctrine trop absolue. Spécialement lorsqu'on envisage la question sous son aspect général, il est bien certain que l'intervention peut paraître légitime, lorsqu'elle se produit dans les affaires extérieures d'un État qui par sa politique tend à compromettre la sécurité des autres États. Mais ce point de vue n'est pas celui auquel nous avons à nous placer.

Lorsqu'on envisage uniquement l'intervention dans les affaires intérieures les exceptions que l'on pourrait être tenté d'apporter au principe de non intervention n'apparaissent pas comme favorables. Car en définitive, il s'agit de s'immiscer dans les affaires intérieures d'un État ; et l'on ne voit point de prime abord quels motifs pourraient donner un caractère légitime à cette intervention. Les auteurs donnent les énumérations les plus diverses. Chaque auteur, peut-on dire, a une liste des cas dans lesquels il considère l'intervention comme possible à titre exceptionnel.

Sur certains le doute n'est pas possible. L'intervention ne saurait être admise, soit parce que le motif qui pourrait servir à la justifier est par lui-même insuffisant pour motiver une mesure aussi grave, soit parce que la gravité du motif allégué étant susceptible de plus ou de moins, autoriser l'intervention ce serait en définitive donner aux États puissants le moyen facile de s'ingérer, quand il leur plairait, dans les affaires d'un État faible, et faciliter un retour à l'intervention.

Ainsi comme motif ne présentant pas une gravité suffisante pour autoriser l'intervention nous pouvons signaler l'esclavage. Certains auteurs prétendent, en effet, que l'intervention sera légitime lorsqu'elle aura pour but de forcer un État à abolir l'esclavage. Il est clair que si l'on admettait de pareils motifs d'intervention dans les affaires d'un autre État on méconnaîtrait absolument la doctrine de non-intervention. L'esclavage est une institution illégitime sans doute, mais dès qu'un État la consacre tous les autres États sont sans droit pour

critiquer sa conduite, car autrement où s'arrêter ? Et si l'on admet
que le fonctionnement d'une institution donnée dans un État peut être
la cause d'une intervention de la part des autres États, comment fe-
ra-t-on la distinction entre les institutions qui autoriseront l'intervention et celles qui ne l'autoriseront pas ?

Nous rejetterons également comme étant de nature trop vague les
motifs suivants que préconisent un certain nombre d'auteurs : l'intervention dans les affaires intérieures a pour cause l'émancipation
des races opprimées. C'est ainsi que depuis le traité de Kudjuk-Kaïd-
nardji du 21 juillet 1774, la Russie est intervenue souvent en Turquie
pour assurer l'émancipation de races plus ou moins opprimées par
les Turcs (Moldo-Valaques, Serbes, Bulgares).

De même l'intervention serait illégitime si elle avait lieu pour assurer dans un État l'exercice d'une religion quelconque, plus générale-
ment de la liberté du culte. Elle le serait encore plus si elle avait
pour but de faire cesser les excès d'un Gouvernement despotique.
C'est ainsi que dans le cours de ce siècle la France et l'Angleterre ont
pratiqué l'intervention fondée sur ce dernier motif à l'égard du roi
de Naples. L'intervention se borna à de simples représentations, mais
ne fut pas suivie d'une ingérence effective des deux puissances dans
les affaires du royaume de Naples. Du reste cette intervention ne pro-
duisit aucun résultat, et les deux puissances intervenantes se bornè-
rent à rappeler leurs ambassadeurs.

A plus forte raison, écarterons-nous comme insuffisant le motif
suivant donné par certains auteurs : l'intervention est légitime toutes
les fois qu'elle repose sur un motif d'humanité (1). La critique générale que l'on peut faire à toutes ces exceptions c'est qu'elles sont beau-

(1) Je considère également comme insuffisant le motif d'intervention reposant sur un
intérêt général ou Européen.

coup trop vagues. Par suite, à raison même de leur existence, elles autorisent l'intervention un peu au gré des États. L'État désireux d'intervenir trouvera toujours avec de pareils motifs un prétexte à son intervention, et par cela même la théorie de l'intervention se trouvera indirectement rétablie.

En réalité, selon nous, il n'y a que deux cas dans lesquels l'intervention dans les affaires intérieures d'un État est légitime :

1° C'est d'abord lorsqu'elle est autorisée par un traité ;

2° C'est ensuite lorsqu'elle a lieu pour assurer la protection des nationaux de l'État intervenant, lorsque l'État qui subit l'intervention est incapable d'assurer lui-même cette protection. Sur ces deux points justifions notre solution.

Tout d'abord, dans les deux cas où l'intervention nous paraît légitime, l'arbitraire de l'État intervenant nous paraît écarté. Il ne peut intervenir à sa guise. L'existence d'un fait précis est nécessaire à la fois pour motiver et justifier son intervention. C'est ainsi que lorsque la France, la Russie et l'Angleterre intervinrent en 1863 dans les affaires de la Grèce pour le choix d'un monarque à mettre à la tête du pays elles agissaient légitimement. En effet les différents actes relatifs à l'émancipation de la Grèce portent que les trois Puissances, auxquelles la Grèce doit son indépendance, sont garantes de la forme monarchique dans ce pays. En 1863, lorsqu'elles intervenaient pour la nomination du roi de Grèce, elles agissaient donc conformément aux traités, et leur intervention dans les affaires intérieures de la Grèce n'avaient rien de blâmable. On peut aller plus loin : les trois Puissances pourraient intervenir si, une Révolution se produisant en Grèce, la forme monarchique venait à être écartée par les Grecs. En effet, elles ont garanti au pays cette forme de Gouvernement.

De même en 1848, lorsqu'à la suite des troubles du Sunderbund en Suisse, ce pays se décida à procéder à une révision de sa Constitution les puissances signataires de l'acte final de Vienne du 9 juin 1815 auraient pu intervenir pour empêcher la substitution de la forme fédérale à la forme de la Confédération. Mais sur ce point existent des controverses sur lesquelles nous ne pouvons nous expliquer. Ce qu'il importe de constater c'est qu'à supposer, comme le prétendaient Metternich et Guizot, que l'acte final consacrât pour les puissances signataires la garantie de la forme du Gouvernement suisse, ces puissances auraient pu valablement intervenir, car leur intervention eut été légitimée par les traités.

A ce système qui considère l'intervention comme légitimée par les traités on peut objecter que, bien souvent, un traité autorisant l'intervention pourra être imposé par un État fort à un État faible, de sorte qu'en définitive l'intervention pourra se trouver légitime avant de se produire. L'objection n'est pas décisive. En effet, dans le fait par un État de conclure un traité il y a toujours un acte essentiellement volontaire de sa part. Il dépend de lui de ne pas conclure le traité, et c'est ce qu'il devra faire s'il prévoit que ce traité soit simplement un motif pour légitimer une intervention ultérieure. On ne peut dire qu'un État soit contraint à conclure un traité. Il reste toujours libre de le conclure ou de ne pas le conclure. Il ne peut donc s'en prendre qu'à lui-même d'avoir fait un acte qui doit rendre possible l'intervention. Il est toujours libre de ne pas signer et de laisser à l'intervenant la responsabilité et l'odieux de sa conduite.

Dans la deuxième hypothèse où l'intervention nous paraît légitime le doute n'est guère possible. Les États ont le devoir de veiller à la nécessité de leurs nationaux partout où ils se trouvent. Si l'État sur le territoire duquel ils résident se trouve dans l'impossibilité de les protéger, il est à la foi juste et nécessaire que l'État auquel appartiennent les personnes menacées puisse intervenir. En agissant ainsi il ne fait en réalité que remplir le devoir de protection qui lui incombe normalement et qu'un autre État est incapable de remplir.

Pour conclure, la théorie à adopter sur l'intervention dans les affaires intérieures d'un ou de plusieurs États est la suivante : en principe l'intervention est illégitime et doit être réprouvée, parce qu'elle méconnaît le principe de la souveraineté des États. Dans deux cas cependant son caractère illégitime cesse : 1° lorsqu'il y a un traité, car alors la souveraineté de l'État qui subit l'intervention n'est méconnu que de son propre gré ; 2° lorsque les nationaux de l'État intervenant sont sans protection par suite de l'impuissance ou de l'incurie d'un Gouvernement étranger.

Dans les cas exceptionnels où l'intervention est considérée comme possible, comment peut-elle se produire ? Tout dépend ici un peu des circonstances qui la motivent. Tantôt l'intervention pourra être officieuse c'est-à-dire que certains gouvernements s'entendront pour faire des représentations à un État de manière à l'amener à changer sa conduite dans la direction de ses affaires intérieures. Tantôt l'intervention sera officielle, alors les Gouvernements intervenants feront connaître à l'État, sur lequel s'exercera leur intervention, leurs volontés, et cela sans les dissimuler aux tierces puissances. Souvent même l'intervention officielle sera accompagnée d'un déploiement de forces, d'une démonstration quelconque destinée à donner plus de force à la démarche des intervenants.

Enfin l'intervention pourra être armée c'est-à-dire que l'État intervenant emploiera la force pour contraindre l'État contre lequel il exerce l'intervention à modifier sa conduite, — ou pour assurer lui-même la protection des intérêts qui motivent l'intervention. Ainsi l'intervention de la France pour protéger les chrétiens du Liban en 1861 fut une intervention armée.

Les auteurs qui admettent dans des cas plus ou moins nombreux l'intervention recommandent beaucoup la pratique de l'intervention collective. Juridiquement l'intervention peut être l'œuvre d'une seule puissance, mais alors elle présente tous les inconvénients de fait que nous avons déjà signalés, notamment elle facilite l'asservissement possible de l'État qui subit l'intervention à l'intervenant.

L'intervention collective est celle qui émane de plusieurs puissances. Incontestablement l'intervention collective est préférable, car elle évite les interventions dans un but plus ou moins intéressé, spécialement en vue de favoriser les annexions ultérieures, et il est à remarquer que la forme collective a été celle qui a été le plus usitée dans le cours de ce siècle. Les intervenants se surveillent les uns les autres et leurs désirs respectifs se neutralisent. C'est ce qu'on a vu bien souvent pour la Turquie.

III

Jusqu'ici nous avons étudié théoriquement la non-intervention, d'abord en recherchant ses origines et son développement, puis en essayant de déterminer sa portée d'application et les restrictions rationnelles qu'elle comporte. Arrivons à l'étude des différents cas les plus notables d'intervention qui se sont produits au cours de ce siècle. Ils nous convaincront que la pratique est bien loin encore de la théorie, et que si les auteurs et quelques gouvernements proclament le principe de non-intervention, ce principe n'est point encore réalisé

dans les faits, et que la politique aura toujours des nécessités qui l'a-
mèneront bien souvent et par la force même des choses à écarter le
principe de non-intervention.

Ici plus qu'ailleurs, la théorie et la pratique se trouvent en conflit
sans que leur conciliation puisse paraître possible soit dans le passé
soit dans l'avenir.

Le commencement de la Révolution française est marqué par deux
faits bien marqués d'intervention : d'une part l'intervention des puissances monarchiques pour combattre la Révolution française (manifeste du duc de Brunswick), d'autre part, la déclaration de la Con-
vention nationale promettant aide et secours à tous les peuples qui
voudront renverser la monarchie. Cette déclaration, qui trouve son
excuse dans le manifeste antérieur du duc de Brunswick, proclamait
en définitive le principe de l'intervention dans les affaires intérieures
des États étrangers.

En laissant de côté les interventions qui ont pu se produire pendant la Révolution et l'Empire, le premier acte qui, après la chute de
Napoléon, consacre d'une façon très nette le principe d'interventions
ultérieures dans les affaires intérieures des États est le traité du 20 no-
vembre 1815, traité resté secret et intervenu entre l'Angleterre, la
Russie, la Prusse et l'Autriche (1). C'est ce traité qui donne une portée
pratique au pacte mystique et en lui-même assez insignifiant de la
Sainte Alliance. Par ce traité les quatre puissances signataires s'en-
gageaient à maintenir la dynastie des Bourbons en France, et à joindre
tous leurs efforts pour assurer le maintien des monarchies dans les
différents États de l'Europe.

C'est en exécution de ce traité que l'Autriche intervint en Italie

(1) Dans le manuscrit au lieu du mot « Autriche » j'ai répété par inattention le mot
« Angleterre ».

pour le maintien des petits princes Italiens. C'est aussi par application de la même idée que le Congrès de Vérone de 1822 décida, nonobstant l'opposition de l'Angleterre, que la France serait chargée de rétablir sur le trône le roi Ferdinand VII d'Espagne. Ici encore il s'agissait d'une intervention dans les affaires intérieures d'un pays.

Dans le cours de ce siècle la Sainte Alliance a donc motivé plusieurs interventions.

Mais dans l'histoire des interventions dans les affaires d'un pays au cours du XIX⁰ siècle, l'histoire des interventions des puissances dans les affaires de la Turquie occupe une place prépondérante.

L'intervention dans les affaires de la Turquie présente d'abord ce curieux caractère qu'elle s'est reproduite d'une façon constante dans le cours du siècle. De plus, tandis que l'intervention s'opère contre l'État qui la subit, à son détriment, l'intervention dans les affaires de la Turquie a eu lieu tantôt à son désavantage, tantôt à son avantage. Enfin troisième caractère, l'intervention des puissances dans les affaires de Grèce a été presque toujours collective.

La première intervention dans les affaires intérieures de la Turquie qui présente dans le cours de ce siècle une importance capitale est l'intervention de la France, de l'Angleterre et de la Russie pour assu-

---

(1) Certains auteurs qui n'admettent aucune exception au principe de non-intervention soutiennent que toutefois, on doit admettre une exception pour la Turquie, en ce sens qu'à son égard l'intervention serait légitime. Cette opinion est difficilement acceptable. Elle nous paraît inspirée par les faits plutôt que par des raisons juridiques. Depuis surtout que, selon l'expression consacrée, la Turquie a été admise dans le concert Européen par le traité de Paris du 30 mars 1856, il est très difficile de ne pas lui appliquer juridiquement tous les principes du droit international moderne. La différence de civilisation, l'incurie des Turcs, etc., ne sont pas un motif suffisant pour écarter en droit le principe de non-intervention. Il faut du reste reconnaître qu'ici comme dans bien d'autres circonstances les faits ont inéluctablement amené des conséquences condamnées par les principes.

rer l'émancipation de la Grèce, traité du 6 juillet (1) 1827 entre la Russie et la Grande-Bretagne pour assurer la pacification de la Grèce. La France se joint à ces deux puissances — Déclaration du 6 août 1827 pour la médiation des trois cours et la suspension des hostilités en Grèce. Finalement après des péripéties multiples l'intervention des trois puissances aboutit à l'indépendance de la Grèce (Protocole du 3 février 1830). Dans l'espèce l'intervention s'était exercée contre la Turquie.

Au contraire cette même intervention des puissances Européennes s'exerça à propos des événements d'Égypte en faveur de la Turquie. Intervention des quatre puissances pour protéger la Turquie contre les attaques de Méhémet-Ali, pacha d'Égypte : traité de la quadruple alliance du 15 juillet 1840, dirigé contre la France... L'indécision du roi Louis-Philippe empêche la guerre d'éclater. Méhémet-Ali est obligé de reculer......, L'intervention de la Russie dans les affaires de la Turquie entraîne la guerre de Crimée pour protéger cette puissance (Traité de Paris du 30 mars 1856)....... Intervention de la France dans le Liban en 1861 pour protéger les chrétiens contre les Druses. Ici l'intervention a eu lieu contre la Turquie....... La dernière intervention dans les affaires intérieures de la Turquie a eu lieu en 1877 lors de la guerre turco-russe. La crise s'est terminée par le traité de Berlin du 13 juillet 1878.......

TEMPUS DEFUIT.

(1) Le mot « juillet » est omis au manuscrit.

Imp. G. Saint-Aubin et Thevenot, Saint-Dizier (Haute-Marne). 30, Passage Verdeau, Paris